Robin Scheller

Ausgewählte Themen aus Brezinkas wissenschaftstheoretischer Grundlegung der Erziehungswissenschaft

GRIN Verlag

Bibliografische Information der Deutschen Nationalbibliothek:

Die Deutsche Bibliothek verzeichnet diese Publikation in der Deutschen National-
bibliografie; detaillierte bibliografische Daten sind im Internet über http://dnb.d-
nb.de/ abrufbar.

Impressum:

Copyright © 2013 GRIN Verlag GmbH
Druck und Bindung: Books on Demand GmbH, Norderstedt Germany
ISBN: 978-3-656-92199-8

Dieses Buch bei GRIN:

http://www.grin.com/de/e-book/294516/ausgewaehlte-themen-aus-brezinkas-wis-
senschaftstheoretischer-grundlegung

GRIN - Your knowledge has value

Der GRIN Verlag publiziert seit 1998 wissenschaftliche Arbeiten von Studenten, Hochschullehrern und anderen Akademikern als eBook und gedrucktes Buch. Die Verlagswebsite www.grin.com ist die ideale Plattform zur Veröffentlichung von Hausarbeiten, Abschlussarbeiten, wissenschaftlichen Aufsätzen, Dissertationen und Fachbüchern.

Besuchen Sie uns im Internet:

http://www.grin.com/

http://www.facebook.com/grincom

http://www.twitter.com/grin_com

Universität Erfurt

Erziehungswissenschaftliche Fakultät

Seminar: „Von der Pädagogik zur Erziehungswissenschaft"

Sommersemester 2013

Hausarbeit

(3 Leistungspunkte)

Ausgewählte Themen aus Brezinkas wissenschaftstheoretischer Grundlegung der Erziehungswissenschaft

vorgelegt am: 30.10.2013

vorgelegt von: Robin Scheller

Studienrichtungen: Philosophie (HF)

                          Erziehungswissenschaft (NF)

Semester: 5./3. Fachsemester

Inhaltsverzeichnis

1 Einleitung

In seinem 1971 erschienen Buch mit dem Titel „Von der Pädagogik zur Erziehungswissenschaft" geht es Wolfgang Brezinka um die Abgrenzung der auf Alltagserfahrungen basierenden traditionellen Pädagogik von einer systematisch und empirisch vorgehenden Erziehungswissenschaft. Dazu analysiert er die sprachlichen Besonderheiten beider Bereiche und entwickelt Regeln für einen wissenschaftlichen Sprachgebrauch.

Ziel dieser Arbeit ist es, in Brezinkas Denken einzuführen und ausgewählte Themen seiner wissenschaftstheoretischen Analyse genauer darzustellen. Im Mittelpunkt stehen dabei Brezinkas Ausführungen zum „Naiven Empirismus" und zum Begriff der wissenschaftlichen Theorie wie er sie in oben erwähntem Werk thematisiert hat. Ergänzend dazu werde ich mich sowohl auf Brezinkas später veröffentlichtes Buch „Grundbegriffe der Erziehungswissenschaft", als auch auf Literatur anderer Autoren beziehen. Der Grund dieses Vorgehens liegt darin, dass Brezinka sehr häufig auf die wissenschaftstheoretischen Positionen seiner Zeit zurückgreift. Da er diese allerdings meist nur in sehr komprimierter Form referiert, ist der Blick in die eine oder andere Zusatzliteratur nahezu unumgänglich.

Das zweite Kapitel hat dabei einführenden Charakter und soll das Verständnis des Folgenden erleichtern. Es wird präzisiert, was Brezinka unter „Pädagogik" versteht und anhand welcher sprachlicher Kriterien diese zweifelsfrei zu erkennen sei. Kontrastierend dazu geht es im dritten Kapitel um die Ziele und die sprachlichen Merkmale der „Erziehungswissenschaft". Dazu stelle ich dar, was die Aufgaben wissenschaftlicher Theorien sind und wodurch sie sich von anderen Aussagensystemen unterscheiden. Anhand eines Beispiels erläutere anschließend die Merkmale wissenschaftlicher Hypothesen. Im Mittelpunkt steht dabei Brezinkas Unterscheidung zwischen statistischen und deterministischen Hypothesen. Im vierten Kapitel werde ich versuchen aufzuzeigen, wodurch sich Brezinkas Ansatz von früheren Konzeptionen der empirischen Theoriebildung unterscheidet. Dazu stelle ich die grundlegenden Annahmen und Probleme des „Naiven Empirismus" vor. Nach einem längeren Abschnitt über Poppers Falsifikationismus werde ich zum Schluss die zentralen Gedanken kurz zusammenfassen.

2 Ziele und sprachliche Merkmale der Pädagogik

2.1 Der pragmatisch-zielorientierte Zugang

Um hinreichend genau angeben zu können, was unter „Pädagogik" zu verstehen sei, zeigt Brezinka zwei unterschiedliche Zugangsweisen auf, sich dem Inhalt dieses Begriffs zu nähern.

Einen ersten Zugang findet Brezinka, indem er auf die Zielsetzungen, die Entstehungsgeschichte, sowie den mit „Pädagogik" befassten Personenkreis hinweist (vgl. Brezinka 1990, S. 11 ff.). Ich möchte diese Zugangsweise als den *pragmatisch-zielorientierten Zugang* bezeichnen. So verstanden sei „Pädagogik" die Bezeichnung für eine praktische Erziehungslehre, deren vordergründiges Ziel darin bestehe, das Handeln von Erziehungspraktikern (beispielsweise von Lehrern und Erziehern) anzuleiten und ihnen somit auch die Bewältigung schwieriger Erziehungssituationen zu ermöglichen (vgl. Brezinka 1971, S. 2 ff.). Man denke dabei etwa an die verzweifelte Mutter, die voller Sorge um das Wohl ihres Kindes einen Erziehungsratgeber konsultiert und dort in einfacher Sprache ein (vermeintliches) „Rezept" für die Lösung ihres Erziehungsproblems vorfindet. So könnte die Mutter auf die Frage, wie sie ihr Kind dazu bewegen könnte, mehr auf Ordnung und Sauberkeit zu achten, den Hinweis erhalten, selbst immer wieder das erwartete Verhalten zu zeigen und dadurch eine Vorbildwirkung zu erzielen. An diesem Beispiel wird ersichtlich, dass das Erziehungsgeschäft im Rahmen der „Pädagogik" immer von einem praktischen Standpunkt aus betrachtet wird. So schreibt Brezinka:

> Bei *praktischer* Einstellung erscheint das Erziehen als eine *Aufgabe*, für deren Lösung Richtlinien, Anweisungen, Vorschriften oder Regeln gebraucht werden. (Brezinka 1971, S. 163, Hervorhebungen im Original)

Bei dem innerhalb der „Pädagogik" erzeugten Wissen handelt es sich somit in erster Linie um ein aus der Berufserfahrung der Erziehungspraktiker stammendes praktisches Wissen (Wissen, wie) (vgl. Brezinka 1990, S. 11).

2.2 Der sprachanalytische Zugang

4

Um den Begriff noch präziser fassen zu können (besonders auch um ihn vom Begriff „Erziehungswissenschaft" abgrenzen zu können), charakterisiert Brezinka das, was er unter „Pädagogik" verstanden wissen möchte auch ausschließlich anhand sprachlicher Merkmale. Ich möchte diese Zugangsweise daher als den *sprachanalytischen Zugang* bezeichnen. Unter dieser Perspektive meint Brezinka mit „Pädagogik" eine (aufgrund ihrer methodologischen Mängel) vor- beziehungsweise nichtwissenschaftliche[1] Aussagenmenge, in welcher sich eine relativ gering regulierte Verwendung der Sprache zeige (vgl. Brezinka 1971, S. 59 f.). Der pädagogische Sprachgebrauch sei, bedingt durch die Herkunft der „Pädagogik" aus der Alltagserfahrung praktizierender Lehrer und Erzieher stark an der Umgangssprache orientiert. Deswegen enthalte die pädagogische Sprache zahlreiche vage und mehrdeutige Begriffe, sowie inhaltsleere und uninformative Sätze, wie etwa: „ ‚Wo objektiver Geist und die sich entfaltende, suchende, subjektive Geistigkeit zusammentreffen, da liegt der Prozeß der Bildung' " (ebd., S. 62).

Des Weiteren zeichne sich die „Pädagogik" dadurch aus, dass in ihr die Sprache in dreifacher Funktion gebraucht werde: informativ, präskriptiv und emotiv. Besonders vorherrschend sei dabei die präskriptive Verwendung der Sprache (vgl. Brezinka 1990, S. 15). Dies habe zur Folge, dass die pädagogische Literatur voll sei von normativen Aussagen über erstrebenswerte Erziehungsziele, Handlungsvorschriften und Anleitungen für pädagogische Institutionen. Daneben gebe es auch noch eine Gruppe deskriptiver und erklärender Aussagen in denen die informative Funktion des pädagogischen Sprachgebrauchs zum Ausdruck komme. Beschreibungen unterschiedlicher Erziehungssituationen, Alltagserklärungen und Vorhersagen haben hier ihren Platz (vgl. Brezinka 1971, S. 3 f.). Durch den Einsatz von Schlagwörtern, wie ‚Bildung ist Bürgerrecht' oder ‚Gleichheit der Bildungschancen' (Brezinka 1990, S. 19), sowie den Gebrauch programmatischer Definitionen, wie „ ‚[d]ie *wahre* Liebe des Lehrers ist die hebende und nicht die begehrende […]' " (ebd.), kann auch die

---

[1] Die fehlende Wissenschaftlichkeit pädagogischer Aussagen ist dabei keine absolute, sondern ergibt sich relativ zum wissenschaftstheoretischen Standpunkt des Autors. Für Brezinka, der seine wissenschaftstheoretischen Überlegungen am Wissenschaftsverständnis der Analytischen Philosophie, beziehungsweise des Kritischen Rationalismus ausrichtet, heißt nicht-wissenschaftlich so viel wie nicht den methodologischen Festsetzungen dieser Wissenschaftsauffassung entsprechend (vgl. Brezinka 1971, S. 23).

emotive Verwendung der Sprache nachgewiesen werden.

Als weiteres Charakteristikum pädagogischer Texte verweist Brezinka schließlich noch auf den Umstand, dass in diesen auch Metaphern zum Einsatz kämen. Dies verstärke den Grad der Ungenauigkeit pädagogischer Aussagen und rücke die „Pädagogik" in den Bereich der schlechten literarischen Dichtung (vgl. Brezinka 1990, S. 20). Für Brezinka ist somit klar, dass die „Pädagogik" schon allein aufgrund ihrer sprachlichen Mängel, keine Wissenschaft sein könne (vgl. Brezinka 1971, S. 59 f.).

3   Ziele und sprachliche Merkmale der Erziehungswissenschaft

3.1   Wissenschaftliche Theorien

Der eher an praktischen Fragen interessierten Pädagogik stellt Brezinka das Modell einer bestimmten methodologischen Regeln folgenden, an der Erkenntnis der Wirklichkeit interessierten Erfahrungswissenschaft gegenüber. Das Ziel einer solchen empirisch vorgehenden „Erziehungswissenschaft" bestehe darin, Theorien aufzustellen,   auf deren Grundlage erzieherisch relevante Phänomen beschrieben, erklärt und vorausgesagt werden könnten (vgl. Brezinka 1971, S. 51 ff).

Wie bereits beim Pädagogikbegriff beschreibt Brezinka die Intension des Theoriebegriffs auf zweierlei Arten.[2] Das Ziel (erziehungs-)wissenschaftlicher Theorien ergibt sich aus der bereits erwähnten Zielstellung der Erziehungswissenschaft und besteht im Wesentlichen darin, Gesetzesaussagen zu formulieren, mit deren Hilfe erzieherische Phänomene erklärt und künftige Ereignisse prognostiziert werden können (vgl. ebd., S. 53). In Anlehnung an das Wissenschaftsverständnis der Analytischen Philosophie (s. Fußnote 1), charakterisiert Brezinka den Begriff der Theorie auch über den Sprachgebrauch. So betrachtet, bezeichnet er wissenschaftliche Theorien als logisch geordnete Satzsysteme (vgl. ebd., S. 51).

Diese Systeme dienen laut Brezinka allein der Information, das heißt der sprachlich

---

[2] Wie bereits bei 2.1 und 2.2, so könnte man auch hier wieder von einem pragmatisch-zielorientierten und einem sprachanalytischen Zugang sprechen.

exakten Vermittlung dessen, was der Fall ist (vgl. Brezinka 1990, S. 15). Demnach seien in wissenschaftlichen Theorien ausschließlich informative, das heißt deskriptive und erklärende Sätze zugelassen. Hinsichtlich der unter 2.2 genannten Funktionen der Sprache heißt das, dass die Sprache auf ihre informative Funktion beschränkt bleiben muss. Normative oder gar emotive Aussagen jeder Art werden somit aus dem wissenschaftlichen Sprachgebrauch ausgeschlossen (vgl. ebd.).

Damit eine deskriptive Aussage auch den Status einer wissenschaftlichen Aussage einnimmt, müsse sie allerdings noch ein weiteres Kriterium erfüllen: Sie müsse so formuliert sein, dass ihr Wahrheitswert mit empirischen Methoden intersubjektiv ermittelt werden könne. Dies habe zur Folge, dass sämtliche Sätze (auch deskriptive Sätze), bei denen eine solche Überprüfung nicht möglich sei, aus der Wissenschaft fernzuhalten seien (vgl. Brezinka 1971, S. 53).

Betrachtet man die Struktur wissenschaftlicher Theorien und der in ihnen vorkommenden Aussagen noch etwas genauer, so gelangt man auf die Ebene der Begriffe. Unter dem Terminus „Begriff" versteht Brezinka „die Bedeutung eines Wortes" (Brezinka 1990, S. 25). So bezeichnen die Wörter „Tisch", „table" und „tavolo" jeweils denselben (allgemeinen) Begriff. Das heißt diese drei Worte haben dieselbe Bedeutung. Für Brezinka sind Begriffe die grundlegenden Bestandteile von Aussagen (vgl. ebd.). Anders als in pädagogischen Aussagensystemen, in denen zahlreiche vage und mehrdeutige Begriffe anzutreffen seien (vgl. Brezinka 1971, S. 60), fordert er für den Bereich der wissenschaftlichen Theoriebildung klar definierte Begriffe, deren Intension so genau wie möglich bestimmt und deren Verwendung eindeutig reguliert sein müsse (vgl. Brezinka 1990, S. 28).

Für die Formulierung der in wissenschaftlichen Theorien vorkommenden Aussagen, seien zwei Arten von Begriffen von besonderer Relevanz: theoretische und empirische Begriffe. Theoretische Begriffe beziehen sich dabei Brezinka zufolge, auf nicht direkt beobachtbare Gegenstände. Zu diesen zählen auch die erziehungswissenschaftlichen Grundbegriffe wie beispielsweise der von Brezinka im Rahmen einer Begriffsexplikation[3] eingeführte Erziehungsbegriff (vgl. ebd., S. 70 ff.).

---

[3] Unter einer Begriffsexplikation versteht Brezinka (bezugnehmend auf Carnap), den Vorgang, bei dem ein ungenauer, vager oder mehrdeutiger Begriff durch einen

Empirische Begriffe (auch Beobachtungsbegriffe) hingegen würden sich auf direkt wahrnehmbare Gegenstände und deren Merkmale beziehen (vgl. Brezinka 1971, S. 60 f.).

3.2 Wissenschaftliche Hypothesen als zentrale Bestandteile von Theorien

Brezinka betrachtet wissenschaftliche Hypothesen als zentrale Bestandteile einer jeden wissenschaftlichen Theorie (vgl. Brezinka 1971, S. 52 f.). Dennoch sind seine Ausführungen bezüglich der Frage, was genau unter einer Hypothese zu verstehen sei eher allgemein gehalten und aus wissenschaftstheoretischer Sicht letztlich unbefriedigend. Aus diesem Grund werde ich Brezinkas Ausführungen um einige Komponenten aus der neueren Literatur ergänzen und versuchen, dadurch eine akzeptable Antwort auf obige Frage zu geben.

Brezinka bezeichnet wissenschaftliche Hypothesen zunächst als Aussagen, in denen eine „Wenn-dann-Beziehung" zum Ausdruck komme. Anders ausgedrückt heißt dies, wissenschaftliche Hypothesen treten in Form von Konditionalsätzen auf (vgl. Brezinka 1971, S. 52). Dass diese Charakterisierung noch nicht hinreichend präzise ist, kann man sich an folgendem Beispielsatz exemplarisch verdeutlichen: „Wenn ein Vampir einen Menschen beißt, so kann es sein, dass dieser sich ebenfalls in einen Vampir verwandelt". Zwar handelt es sich der Form nach um einen Konditionalsatz, intuitiv würde man seine Wissenschaftlichkeit allerdings sofort in Frage stellen. Laut Jürgen Bortz und Nicola Döring dürfe sich eine wissenschaftliche Hypothese ausschließlich auf reale und empirisch untersuchbare Sachverhalte beziehen (vgl. Bortz & Döring 2009, S. 4). Obiger Beispielsatz bringt zwar einen Sachverhalt, aber soweit wir wissen, keinen realen Sachverhalt zum Ausdruck (denn bisher existierten Vampire lediglich als menschliche Fantasiegebilde in Filmen oder Büchern). Als weiteres Kriterium wird die potenzielle Falsifizierbarkeit gefordert. Das heißt, eine

---

hinreichend exakten Begriff ersetzt wird (vgl. Brezinka 1990, S. 31). Bezogen auf den Begriff der Erziehung heißt dies, dass die Bedeutung des vagen Erziehungsbegriff der Pädagogik, genauer bestimmt und seine Verwendung eindeutig reguliert wird.

wissenschaftliche Hypothese muss sich potenziell als falsch erweisen lassen können (vgl. Bortz & Döring 2009, S. 4). Dies ist bei dem betrachteten Satz schon allein deshalb ausgeschlossen, da dieser tautologisch und somit immer wahr ist. Eine weitere von Bortz und Döring verlangte Eigenschaft wissenschaftlicher Hypothesen (vgl. ebd.) weist allerdings auch obiger Beispielsatz auf: Er beansprucht Allgemeingültigkeit, das heißt er hat die Form eines Allsatzes. Zusammenfassend ergibt sich somit folgende Definition: Eine wissenschaftliche Hypothese ist eine potenziell falsifizierbare Aussage, die in Form eines über den Einzelfall hinausweisenden Konditionalsatzes den Anspruch erhebt, einen realen Sachverhalt zu beschreiben (vgl. ebd).

In „Von der Pädagogik zur Erziehungswissenschaft" werden von Brezinka zwei Arten wissenschaftlicher Hypothesen unterschieden: Deterministische und Statistische. Einer deterministischen Gesetzeshypothese liegt die Annahme zugrunde, dass die durch sie ausgedrückte Variablenbeziehung immer, das heißt ohne Ausnahme besteht. Brezinka zufolge handelt es sich „ ‚um eine ‚wenn-dann-immer-Beziehung' " (Brezinka 1971, S. 52). So könnte für die Erziehungswissenschaft etwa folgende deterministische Hypothese formuliert werden: „Immer, wenn ein Schüler des Abiturjahrganges einen Intelligenzquotienten von über 100 aufweist, dann wird seine Abiturnote 2,0 oder besser sein". Wie bereits erwähnt, erlaubt eine so formulierte Hypothese keinerlei Ausnahmen. Das bedeutet, für jeden Schüler der die Antecendensbedingungen (Schüler des Abiturjahrgangs zu sein und einen Intelligenzquotient von über 100 aufweisen) erfüllt, so die Annahme, tritt das angegebene Ereignis (Abiturnote von 2,0 oder besser) ausnahmslos ein. Bei deterministischen Hypothesen genüge daher bereits ein Gegenbeispiel, um sie zu falsifizieren (vgl. ebd., S. 55 f.). Ein Schüler des Abiturjahrgangs mit einem Intelligenzquotienten von über 100 und einer Abiturnote schlechter als 2,0 würde somit ausreichen, um die Beispielhypothese zu widerlegen.

Brezinka weist jedoch darauf hin, dass in der Erziehungswissenschaft (wie in den Sozialwissenschaften überhaupt) ausschließlich statistische Zusammenhänge formuliert würden (vgl. ebd., S. 56). Statistische Gesetzeshypothesen sind Wahrscheinlichkeitsaussagen (vgl. Bortz & Döring 2009, S. 9). Das heißt, die in ihnen behauptete Variablenbeziehung besteht nur mit einer bestimmten Wahrscheinlichkeit- Ausnahmen sind somit möglich. Brezinka spricht von einer „ ‚wenn-dann-immer- in- einem-bestimmten-Prozentsatz-Beziehung' " (Brezinka 1971, S. 52). Eine solche im Rahmen erziehungswissenschaftlicher Forschung aufgestellte Hypothese könnte wie folgt lauten: „Wenn ein Schüler im Abitur eine Durchschnittsnote von 2,0 oder besser erzielt, dann wird sein zukünftiges Brutto-Einkommen mit neunzigprozentiger Wahrscheinlichkeit mehr als 2500 Euro betragen".

Der angenommene Zusammenhang zwischen Durchschnittsnote und Brutto-Einkommen gilt somit nicht für jeden Schüler ausnahmslos, sondern nur für einen bestimmten prozentualen Anteil. Dies habe zur Folge, dass Hypothesen dieser Art nicht durch einen abweichenden Einzelfall (wie einen Schüler mit einer Durchschnittsnote von 1,5 und einem späteren Brutto-Einkommen von 2300 Euro) falsifiziert werden könnten. Falsifizierbarkeit werde bei dieser Art von wissenschaftlichen Hypothesen erst durch die Anwendung bestimmter statistischer Verfahren (wie beispielsweise Signifikanztests) ermöglicht (vgl. Bortz & Döring 2009, S. 10). Bei Brezinka heißt es dazu:

> Für falsch werden empirische Allsätze erst erklärt, wenn die Abweichungen unter gleichen oder ähnlichen Bedingungen *regelmäßig* zu beobachten sind, d.h. wenn die ‚Nichtübereinstimmungen mit der Wirklichkeit' selbst gesetzmäßig auftreten. (Brezinka 1971, S. 56, Hervorhebung im Original)

4 Methodologische Probleme der frühen empirischen Erziehungswissenschaft und deren Lösung

4.1 Das Wissenschaftsverständnis des Naiven Empirismus

Brezinka grenzt sich mit seinem Modell einer empirisch fundierten Erziehungswissensschaft nicht nur von der traditionellen normativen Pädagogik (s. Abschnitt 2.1 und 2.2), sondern auch von früheren Entwürfen einer empirisch orientierten Pädagogik ab. Bei letzteren denkt er vordergründig an die in der ersten Hälfte des 20. Jahrhunderts entwickelten Konzepte der ‚Experimentellen Pädagogik', der ‚Deskriptiven Pädagogik', sowie der ‚Pädagogischen Tatsachenforschung' (vgl. Brezinka 1971, S. 48). Die all diesen Ansätzen zugrundeliegende Wissenschaftsauffassung des „Naiven Empirismus" hält Brezinka für eine fehlerhafte und letztlich auch relativ unfruchtbar gebliebene Sichtweise auf die Ziele und die Vorgehensweise der „Realwissenschaften" (vgl. Brezinka 1971, S. 48 ff.). Um dies zu begründen, diskutiert Brezinka drei zentrale methodologische Probleme dieser Auffassung. Das erste Problem ergebe sich aus der Einstellung zur traditionellen Pädagogik. So seien die Vertreter der frühen empirischen Erziehungswissenschaft (wie Wilhelm August Lay, Ernst Meumann, Aloys Fischer oder Peter Petersen) davon ausgegangen, dass der wissenschaftliche Forschungsprozess mit der voraussetzungslosen Beobachtung und Beschreibung der „Erziehungswirklichkeit" zu beginnen habe (vgl. ebd., S. 48 f.). Dem tradierten pädagogischen Wissen wurde dabei keinerlei Aufmerksamkeit geschenkt. Dahinter stand die Idee, die wissenschaftliche Forschung vollkommen von der als unsicher und ungenau bewerteten Pädagogik „abzukoppeln" und bei einem Nullpunkt zu beginnen. Dieses Vorgehen habe sich allerdings als außerordentlich ineffektiv erwiesen. Die am „Naiven Empirismus" orientierte Erziehungswissenschaft konnte sich weder in der Wissenschaft etablieren, noch Impulse für das Handeln in der Praxis aussenden. So schreibt Brezinka:

> Diese Versuche sind ziemlich unfruchtbar geblieben und haben die empirische Pädagogik zeitweilig sogar in Verruf gebracht. Für die Orientierung der Erziehungspraktiker schien der Spatz in der Hand, d.h. die Pädagogik des gesunden Menschenverstandes im Geiste der Praktischen Philosophie weitaus nützlicher zu sein als die Taube der strengen Erziehungswissenschaft auf dem Dach. (Brezinka 1971, S. 49)

Laut Brezinka komme es stattdessen darauf an, einen Teil des überlieferten pädagogischen Wissens als Grundlage für die Bildung inhaltsreicher Hypothesen zu nutzen, welche dann einer systematischen Prüfung zu unterziehen seien (vgl. ebd., S. 50).

Das zweite, ernstzunehmende Problem einer am „Naiven Empirismus" orientieren Erziehungswissenschaft sieht Brezinka in deren Anspruch, durch die ‚theoriefreie' Beschreibung der „Erziehungswirklichkeit" ‚reine Tatsachen' erkennen zu wollen. Denn die „Erziehungswirklichkeit" sei nicht einfach gegeben, sondern werde, insbesondere durch die Einführung relevanter Grundbegriffe, erst konstruiert (vgl. ebd., S. 49). Das heißt also, erst nachdem wir festgelegt haben, was wir unter Erziehung verstehen möchten, zeigt sich auch der Gegenstandsbereich der Erziehungswissenschaft (vgl. Brezinka 1990, S. 26). Bei dieser Festlegung handelt es ich um eine aktive Handlung, die wir bewusst vollziehen müssen. In diesem Sinne ist die sogenannte „Erziehungswirklichkeit" nicht einfach bereits dadurch gegeben, dass wir die Augen öffnen, sondern sie ist vielmehr das Resultat einer zielgerichteten menschlichen Tätigkeit.

Schließlich behandelt Brezinka noch ein drittes, aus wissenschaftstheoretischer Sicht besonders gravierendes Problem: das Problem der Induktion. In Übereinstimmung mit Brezinka waren auch Pädagogen wie Lay oder Meumann der Ansicht, dass das primäre Ziel einer „Realwissenschaft der Erziehung" darin bestehe, Gesetzesaussagen zu formulieren, mit deren Hilfe erzieherisch relevante Phänomene erklärt werden können (vgl. König & Zedler 1983, S. 49). Um dies zu erreichen, wandten sie das sogenannte induktive Verfahren an. Dies bestehe laut Brezinka in einer Extrapolation, einem Voranschreiten „von Gegebenem zu Nicht-Gegebenem […]" (Brezinka 1971, S. 54). Konkret heißt dies, dass versucht wurde, aus der Beobachtung endlich vieler Einzelfälle auf generelle Gesetzesaussagen zu schließen, welche für potenziell unendlich viele Fälle Geltung beanspruchen (vgl. ebd.). Gemäß dieses Vorgehens könnte somit von der raumzeitlich beschränkten Allaussage: „Alle bis zum 31. 08. 2013 erfassten Gymnasiasten mit einem Intelligenzquotienten von über 100 erzielten eine Abiturnote von 2,0 oder besser", auf die raumzeitlich unbeschränkte Allaussage: „Alle Gymnasiasten mit einem Intelligenzquotienten von über 100 erzielen eine Abiturnote von 2,0 oder besser", geschlossen werden.

Laut Karl R. Popper bestehe das Induktionsproblem nun darin, dass sich dieser Induktionsschluss logisch nicht rechtfertigen lasse und wir somit niemals wissen können, ob die so gewonnene Gesetzesaussage wahr sei (vgl. Popper 1994, S. 3). Popper behandelt das Induktionsproblem dabei aus einer rein logischen Perspektive. In vereinfachter Form stellt sich das Problem dabei wie folgt dar: Bei einem induktiven Argument (wie dem obigen) wird die Wahrheit nicht von den Prämissen auf die Konklusion transferiert. Das heißt, selbst unter der Annahme, dass alle Prämissen wahr sind (in unserem Fall die Aussage: „Alle bis zum 31. 08. 2013 erfassten Gymnasiasten mit einem Intelligenzquotienten von über 100, erzielten eine Abiturnote von 2,0 oder besser") ist nicht gewährleistet, dass auch die Konklusion („Alle Gymnasiasten mit einem Intelligenzquotienten von über 100 erzielen eine Abiturnote von 2,0 oder besser") wahr ist. Anders ausgedrückt, ein induktives Argument ist niemals logisch gültig.[4]

Betrachtet man das Induktionsproblem hingegen aus einer eher praktischen Perspektive, so erweist es sich als ein Überprüfungsproblem. Im Gegensatz zu singulären Aussagen, wie etwa: „Peter schreibt etwas an die Tafel", kann man die Wahrheit raumzeitlich unbeschränkter Allaussagen nicht empirisch überprüfen. Um eine Aussage wie: „Alle Gymnasiasten mit einem Intelligenzquotienten von über 100 erzielen eine Abiturnote von 2,0 oder besser", verifizieren zu können, müsste nachgewiesen werden, dass der behauptete Zusammenhang zwischen Intelligenzquotient und Abiturnote nicht nur bei sämtlichen gegenwärtigen Abiturienten besteht, sondern auch bei sämtlichen vergangenen und zukünftigen Abiturienten bestand beziehungsweise bestehen wird. Da dies praktisch allerdings nicht möglich ist, stellt Popper vollkommen richtig fest, dass die Wahrheit von Allaussagen dieses Typs nicht bewiesen werden könne (vgl. Popper 1994, S. 3).

4.2   Poppers Falsifikationismus

Anknüpfend an die im letzten Abschnitt beschriebenen Schwierigkeiten des induktiven Verfahrens, beschäftigt sich Brezinka mit Poppers Alternativvorschlag: der „Methode der kritischen Nachprüfung" (Popper 1994, S. 7) und erläutert deren Nutzen für die erziehungswissenschaftliche Theoriebildung.

Wie bereits erwähnt, ist Popper der Ansicht, dass sich die Wahrheit raumzeitlich unbeschränkter Allaussagen prinzipiell nicht beweisen lasse. Daher solle versucht werden, Aussagen dieses Typs zu falsifizieren (widerlegen), denn nur dies sei mit

---

[4] Ein Beispiel für ein (deduktiv) gültiges Argument wäre hingegen das Folgende: Aus „Alle Menschen sind sterblich" und „Peter ist ein Mensch" folgt mit logischer Gewissheit, dass Peter sterblich ist. Bei einem (deduktiv) gültigen Argument ist die Prämissenmenge so mit der Konklusion verbunden, dass gilt: Wenn die Prämissen wahr sind, dann ist es logisch unmöglich ist, dass die Konklusion falsch ist (vgl. Essler, Martínez & Labude 2001, S. 25 f.).

logischer Gewissheit auch möglich (vgl. Popper 1994, S. 14 f.). Bei
Brezinka heißt es dazu:

> Nach POPPER besteht die allgemeine Methode der Realwissenschaften nicht
> im Beweisen des Wahren, sondern in der Ausscheidung des Falschen. Er deutet
> den Fortschritt der wissenschaftlichen Erkenntnis als einen Prozeß der Über-
> windung von Irrtümern und unzulänglichen Auffassungen durch Kritik.
> (Brezinka 1971, S. 55)

Abweichend von Brezinka, möchte ich zur Erklärung von Poppers Methode der „de-
duktiven Überprüfung" auf die im vorangegangenen Kapitel eingeführte Beispielhypothese zurückgreifen. Popper schlägt vor, ein deduktives Argument zu formulieren, in welchem die zu testende Gesetzeshypothese als Teil der Prämissenmenge
auftaucht. Aus der Gesetzeshypothese in Form einer Allaussage, könne dadurch eine
Prognose in Form einer singulären Aussage deduziert werden, deren Wahrheitswert
empirisch überprüfbar sei (vgl. Popper 1994, S. 7 f.). Übertragen auf unser Beispiel
heißt dies folgendes: Aus der raumzeitlich unbeschränkten Allaussage: „Wenn ein
Gymnasiast einen Intelligenzquotienten von über 100 hat, dann wird er eine Abiturnote von 2,0 oder besser erzielen" und der empirischen Randbedingung: „Paul ist ein
Gymnasiast und hat einen Intelligenzquotienten von über 100", folgt logisch: „Paul
wird eine Abiturnote von 2,0 oder besser erzielen"[5]. Der so prognostizierte Sachverhalt kann nun mit dem tatsächlich eingetretenen Ereignis verglichen werden. Ist das
vorausgesagte Ereignis eingetreten, dann habe sich die Hypothese „bewährt" und
dürfe vorläufig beibehalten werden (was allerdings nicht bedeute, dass sie wahr sei).
Wurde hingegen festgestellt, dass Pauls Abiturergebnis schlechter als 2,0 war, so ist
die ursprüngliche Hypothese falsifiziert und sei laut Popper mit Sicherheit falsch
(vgl. Brezinka 1971, S. 55 f.).
Brezinka kritisiert Poppers Verständnis des Falsifikationsprinzips jedoch dahinge-
hend, dass es im Widerspruch zur gängigen Forschungspraxis stehe (vgl. Brezinka
1971, S. 56). Ein wichtiger Kritikpunkt Brezinkas besteht dabei darin, dass Popper
(wie im obigen Beispiel deutlich wurde) davon ausgehe, dass wissenschaftliche Hy-

---

[5] Bei dem so formulierten Beispielargument wird die gültige Argumentationsform des
Modus Ponens genutzt: p   q ∧ p ⊢ q.

pothesen durch das Aufzeigen eines Gegenbeispiels falsifiziert werden könnten (vgl. Brezinka 1971, S. 56). Wie an anderer Stelle bereits erwähnt (s. Abschnitt 3.2), geht Brezinka davon aus, dass in den Sozialwissenschaften ausschließlich statistische Hypothesen formuliert würden. Diese zeichnen sich nun aber gerade dadurch aus, dass sie durch einen einzigen Ausnahmefall nicht zu widerlegen sind (vgl. Brezinka 1971, S. 56). Zur Falsifikation statistischer Hypothesen muss, wie bereits in Abschnitt 3.2. ausgeführt, auf spezielle statistische Verfahren zurückgegriffen werden.

5   Zusammenfassung

Das Ziel der vorliegenden Hausarbeit bestand darin, einen Einblick in Brezinkas Wissenschaftstheorie der Erziehungswissenschaft zu geben und ausgewählte Bereiche derselben vertiefend darzustellen.

Dabei ist hoffentlich deutlich geworden, dass Brezinkas vordergründiges Anliegen darin bestand, die vage und ungenaue Pädagogik in eine präzise, empirisch fundierte Wissenschaft zu überführen. Man kann Brezinkas Buch „Von der Pädagogik zur Erziehungswissenschaft" daher als eine Art Regelwerk betrachten, welches uns erklärt wie dieser Übergang am besten zu vollziehen sei.

Um Brezinkas Vorhaben verstehen zu können, ist es notwendig zu wissen, wovon er sich mit seinem Modell einer empirisch fundierten Erziehungswissenschaft überhaupt abgrenzen möchte. Dies war das Thema des zweiten Kapitels. Dort wurde die traditionelle Pädagogik als eine praktische Erziehungslehre eingeführt, ihre Aufgaben genannt, sowie auf ihre sprachlichen Besonderheiten hingewiesen. Daran anknüpfend wurden im dritten Kapitel unter der Überschrift „Ziele und sprachliche Merkmale der Erziehungswissenschaft" die zentralen Elemente des wissenschaftlichen Sprachgebrauchs erläutert. Im Mittelpunkt standen dabei die Merkmale wissenschaftlicher Theorien und ihrer zentralen Bestandteile- die Hypothesen.

Im Gegensatz dazu, ist das vierte Kapitel eher historisch orientiert. Es soll verdeutlichen, inwiefern und weshalb sich Brezinka von früheren, empirisch ausgerichteten Erziehungstheorien abgrenzt.

Dazu wurden sowohl die grundlegenden Annahmen des „Naiven Empirismus", als auch die damit verbundenen methodologischen Probleme dargestellt. Im zweiten Abschnitt wurde mit Poppers Falsifikationismus ein alternatives Modell vorgestellt und dessen Bedeutung für die erziehungswissenschaftliche Theoriebildung erläutert.

I   Literaturverzeichnis

Bortz, J. & Döring, N. (2009). *Forschungsmethoden und Evaluation* (4. Aufl.). Berlin: Springer.

Brezinka, W. (1990). *Grundbegriffe der Erziehungswissenschaft*. München: Reinhardt.

Brezinka, W. (1971). *Von der Pädagogik zur Erziehungswissenschaft*. Weinheim: Beltz.

Essler, W. K., Martínez Cruzado, R.F. & Labude, J. (2001). *Grundzüge der Logik I. Das logische Schließen* (5. Aufl.) Frankfurt a.M.: Klostermann.

König, E. & Zedler, P. (1983). *Einführung in die Wissenschaftstheorie der Erziehungswissenschaft*. Düsseldorf: Schwann.

Popper, K. R. (1994). *Logik der Forschung* (10. Aufl.). Tübingen: Mohr Siebeck.